Adrien Parlange ◇ Las desastrosas consecuencias de la caída de una gota de lluvia

OCEANO Travesía

Esta escena
ocurre al final
de un día apacible.

La niña, sentada
en el árbol, llena en silencio
su canasta de cerezas.

El pájaro lleva la rama
que le falta a su nido.

La ardilla baja,
con tímido saltitos,
por el tronco del árbol.

La niña más pequeña,
a hombros de papá,
también quiere
recoger cerezas.

El amante del arte
se quita las gafas
y entrecierra los ojos
para ver mejor.

El joven pintor
le da los toques finales
a su cuadro.

El perro se acomoda
entre las piernas
de su amo...

...y siente que
en la punta de su cola
se posa una abeja.

Una abeja
que odia el agua.

LAS DESASTROSAS CONSECUENCIAS DE LA CAÍDA DE UNA GOTA DE LLUVIA

Título original: *Les désastreuses conséquences de la chute d'une goutte de pluie*

Texto e ilustraciones de Adrien Parlange
© 2021 Albin Michel Jeunesse

Esta edición se publicó según acuerdo con Isabelle Torrubia Agencia Literaria

Traducción: Juana Inés Dehesa

D.R. © Editorial Océano, S.L.
Milanesat 21-23, Edificio Océano
08017 Barcelona, España
www.oceano.com

D.R. © Editorial Océano de México, S.A. de C.V.
Guillermo Barroso 17-5, col. Industrial Las Armas
Tlalnepantla de Baz, 54080, Estado de México
www.oceano.mx
www.oceanotravesia.mx

Primera edición: 2023

ISBN: 978-607-557-490-5

Depósito legal: B 11760-2023

IMPRESO EN ESPAÑA/ *PRINTED IN SPAIN*

9005719010723